INTELLIGENZA FINANZIARIA

INTELLIGENZA FINANZIARIA

INTELLIGENZA FINANZIARIA

 INTELLIGENZA FINANZIARIA

CONTENUTI

Fai lo stesso e otterrai lo stesso

Cos'è il denaro?

Prima del cambiamento ...

Tempo e denaro

Modi per ottenere ricchezza

Regola principale da investire

Come uscire da un pasticcio finanziario

INTELLIGENZA FINANZIARIA

 INTELLIGENZA FINANZIARIA

Fai lo stesso e otterrai lo stesso

Naturalmente, molti, se non tutti, vogliono e desiderano qualcosa di meglio. Fa parte di noi se vogliamo un'auto più grande, una casa migliore, per comprare cose buone per la famiglia. Continuiamo ad aspettare di più ma, per ottenere ciò che non hai, devi fare qualcosa che non hai mai fatto prima.

Ciò significa semplicemente:

Fai sempre la stessa cosa aspettandoti risultati diversi!!!! **PAZZI!!!!!!**

Come dipendente, non puoi rimanere nello stesso lavoro per sempre e aspettare che avvenga un miracolo e che il tuo capo ti dia improvvisamente un aumento. Sarai fortunato a non avere ridimensionamenti nella tua azienda. Il passaggio a un'altra società fornirà solo una soluzione a breve termine a un problema a lungo termine.

Certo, puoi fare un secondo o anche un terzo lavoro, ma hai abbastanza ore e resistenza in un giorno per tenere il passo?

La linea di fondo: Lo scambio di tempo in denaro non è un buon senso finanziario a lungo termine. Continui ad aumentare le ore solo per vincere la corsa dei topi. Il che non porta mai a risultati straordinari.

L'aumento dei salari ti pone solo a un livello fiscale più elevato. I loro salari aumentano, ma anche le loro spese per casa e auto. Come investirai in te stesso quando tutto il tempo che trascorri lavorando per un'azienda, lavorando per il governo pagando le tasse e lavorando per la banca pagando casa e auto?

 INTELLIGENZA FINANZIARIA

E se ti ammali e non riesci a lavorare domani? Il governo si prenderà cura della tua famiglia?

Ne dubito davvero.

Non è ora che prendi le finanze un po 'più sul serio?

INTELLIGENZA FINANZIARIA

Cos'è il denaro?

Vedi, ci sono molte idee su ciò che la gente pensa che il denaro sia.

Alcuni dicono che è una forma di misurazione.

Sì, ma una misura di cosa? Ricchezza? Nei tempi antichi, le persone misuravano la ricchezza in base al numero di mucche, pecore e cavalli che possedevano. Ma le persone misurano la ricchezza oggi con le loro mucche e cavalli? E gli schiavi? C'è stato un tempo in cui il lavoro era considerato una merce calda? Gli schiavi valgono qualcosa oggi? Il tuo denaro è seduto in banca per proteggerti se una recessione colpisce il paese? No, la ricchezza non può essere misurata dal dollaro Fel.

 INTELLIGENZA FINANZIARIA

Alcuni dicono che è una forma di potere.

Sì, i soldi possono potenziarti, ma se rimani intrappolato su un'isola deserta per sempre con un grande tesoro, quei soldi significheranno qualcosa per te? Se qualcuno ti offrisse acqua e un elicottero per farti volare fuori di lì, scamberesti tutti i tuoi soldi in una frazione di secondo, quindi i soldi non sono una misura precisa di potere - dipendono in gran parte da come e saggiamente lo usi !!!

Molti credono che sia la radice di tutti i mali... e molti altri assumono questa convinzione senza troppe domande.

Ora, ora, ora, ora ... il denaro NON è la radice di tutti i mali (altrimenti, perché pensi che le chiese accettino ancora donazioni monetarie e carità?). L'amore per il denaro è la radice del male. Ricorda, il denaro è un eccellente servitore, ma un padrone terribile. Se stai scambiando la tua vita con denaro, il denaro ha potere sul tuo tempo e sulla tua vita.

E a meno che tu non abbia le giuste informazioni finanziarie, una mancanza di denaro può generare molti pensieri malvagi e una mentalità negativa, vista principalmente da imbroglioni, ladri, criminali, sfoghi, ficcanaso, avari e altro ancora, solo per citarne alcuni. .

Ma cos'è veramente il denaro?

Il denaro è un'idea, supportato dalla fiducia.

Mentre il denaro è stato naturalmente sviluppato dai commercianti ai vecchi tempi per sostituire il discutibile sistema di baratto, il denaro oggi è letteralmente inventato dai ricchi e dai ricchi.

Gli imprenditori sono disposti a sbarazzarsi dei loro soldi per guadagnare tempo da altre persone. Il tempo di altre persone, ovvero dipendenti e lavoratori autonomi, diventa la risorsa del loro datore di lavoro e dei datori di lavoro questa preziosa risorsa per continuare a creare più ricchezza per se stessi.

Ed ecco il punto: mentre lavori per soldi, ne sei schiavo!

Il 90% dell'attuale popolazione viene schiavizzata involontariamente.

Ciò che non ci rendiamo conto è che esiste una parte della nostra anima che non può essere acquistata ad alcun prezzo. Ti taglieresti il mignolo se il tuo capo ti offrisse immediatamente 24 mesi di stipendio? Sappiamo entrambi che valiamo molto di più. Ma quando si sente parlare di casi di persone che vendono le loro parti del corpo

 INTELLIGENZA FINANZIARIA

in contanti in alcuni paesi, possiamo farci impazzire gli occhi.

D'altra parte, occasionalmente vendiamo una parte di noi stessi per soldi come un asino e una carota.

INTELLIGENZA FINANZIARIA

Prima del cambiamento...

Ora non fraintendetemi: non sto lavorando a un lavoro (ho lavorato su uno prima di diventare **IMPRENDITORE**).

Ma ammettiamolo: i nostri bisogni attuali crescono più che mai in qualsiasi periodo della storia. I prezzi salgono, i salari no. Ci sono più baby boomer che mai e hanno pochissima pensione da mostrare per i loro decenni di sforzi da anni di lavoro.

E non puoi indovinare quante persone odiano lo stile di vita frenetico e malsano di alzarsi presto, affrontare lo stress per la maggior parte della giornata, unirsi agli ingorghi, spendere più soldi e tempo viaggiando, godendo molto poco. Riposare e ripetere il ciclo di viscosità.

 INTELLIGENZA FINANZIARIA

Sicuramente non dipinge un buon quadro finanziario e di stile di vita, vero?

Il primo passo per cambiare è essere consapevoli del problema. La consapevolezza prima del cambiamento (o in breve ABC) è necessaria se hai intenzione di cambiare la vita per iniziare a prendere il controllo della tua vita finanziaria e quindi uscire dalla corsa dei topi.

Abbiamo bisogno della coscienza per sapere in quale stato siamo per sapere dove stiamo andando.

INTELLIGENZA FINANZIARIA

Tempo e denaro

Esistono 4 tipi di persone nel mondo:

1. Niente tempo, niente soldi.

La maggior parte dei dipendenti rientra in questa categoria. Non puoi fare shopping il martedì pomeriggio o licenziare il tuo capo quando vuoi. La maggior parte dei dipendenti non può nemmeno risparmiare sulla pensione per 3 anni!

2. Senza tempo, molti soldi.

Liberi professionisti, professionisti e proprietari di piccole imprese rientrano in questa categoria.

Sono un po 'meglio degli impiegati perché guadagnano di più, ma devono lavorare ancora più duramente degli impiegati per stare al passo con il calo dei margini di profitto, la concorrenza e il servizio clienti.

3. Ho tempo, non ho soldi.

Molti agricoltori, abbandoni scolastici o senzatetto hanno molto tempo ma niente soldi. Forse l'ignoranza è una benedizione, ma senza una fonte di reddito stabile, quanto tempo puoi durare in futuro?

4. Ho tempo e molti soldi.

È la categoria in cui si trovano i grandi imprenditori, i proprietari e gli investitori. Immagina, non dover lavorare per soldi, ma avere soldi per lavorare per te investendolo e facendo un profitto usando i tuoi soldi per fare soldi. **GLOORIOUS!!!!!!!!**

 INTELLIGENZA FINANZIARIA

Ora chiediti?

1. In quale delle quattro categorie sei attualmente?

2. In quale categoria vuoi essere domani?

 INTELLIGENZA FINANZIARIA

Modi per ottenere ricchezza

2 Modelli di creazione di ricchezza

Tutti vogliono guadagnare di più, ma le persone in genere rientrano in due categorie:

• Coloro che portano risultati dopo aver prima promesso la ricchezza, o quelli che portano prima i risultati, vengono poi premiati da altri in seguito. (**DIPENDENTE-EINDIPENDENTE**).

• Imprenditorie investitori.

Non c'è giusto o sbagliato in questo tipo di pensiero, ma tieni presente: ancora una volta, stai scambiando il tuo prezioso tempo con denaro. Invece di investire il tuo tempo in un **ASSET** redditizio, trascorri il tuo tempo lavorando su qualcosa che è a breve termine, di ricchezza limitata e che non ti dà reddito molto dopo che hai smesso di lavorare.

Considera anche che questo tipo di visione a breve termine produrrà solo risultati limitati o temporanei nella migliore delle ipotesi . Hai mai visto una guardia di sicurezza addormentata sul posto di lavoro quando il capo se ne è andato?

Inoltre, la parte in cui le nostre emozioni ci sopraffanno è quando almeno le nostre vite devono essere governate dall'inseguimento del dollaro. Chiaramente, quando a un dipendente viene offerto uno stipendio più alto, più benefici medici e vacanze più lunghe, il suo cuore inizia a pompare più velocemente.

INTELLIGENZA FINANZIARIA

Uno stipendio più elevato non significa meno problemi finanziari. Al contrario, quando il tuo reddito aumenta, aumentano i tuoi impegni, il tuo livello di tasse e il tempo che passi nella tua azienda. Più alto è il tuo stipendio, più debole sarà la tua posizione perché se il tuo capo ti sta pagando un reddito di 5 cifre e chiama per una riunione di emergenza, faresti meglio a correre in ufficio anche se sei a metà strada! amore con sua moglie !!!!

Penso che la migliore definizione di una relazione dipendente/capo possa essere riassunta in questo modo.

Un dipendente farà solo il minimo per impedire al capo di licenziarli e un capo pagherà solo il minimo per impedire al dipendente di andarsene.

Ora esploriamo l'altro gruppo...

INTELLIGENZA FINANZIARIA

Ci sono molte persone creative, inventori, imprenditori e imprenditori che rientrano in questa categoria.

Un imprenditore è qualcuno che ha sempre buone idee.

Il primo ostacolo che dobbiamo superare se vogliamo avere successo nel secondo gruppo è smettere di lavorare per soldi. Cosa significa questo? Fare soldi non fa parte di un buon QI finanziario?

Ciò che intendo per "smettere di lavorare per soldi" è che non funziona gratuitamente. Piuttosto, significa lavorare per acquisire le competenze necessarie per essere un imprenditore di successo (o inventore, investitore).

Se ti mancano i contatti per gestire un'attività, quale sarebbe il posto migliore per cercare

contatti? Certo, i clienti della sua concorrenza.

Che ne dici di conoscenza del prodotto? Quindi lavora con un'azienda che ti insegnerà tutti i dettagli dei trucchi del mestiere.

Non hai familiarità con la linea di produzione di una fabbrica? Lavora su uno! Scopri come gestire le corde o come gestire gli operai della fabbrica.

Hai paura di parlare con le persone? Trova un lavoro di vendita in cui sarai costretto a parlare con molte persone. È anche un ottimo modo per sviluppare la perseveranza!

Non sai che la migliore educazione che puoi ottenere è nella vita reale? Non nella sala conferenze.

La linea di fondo è che non tutti hanno ciò che serve per avere successo come imprenditore.

Non è così facile. Molti mancano della perseveranza, della mentalità creativa, delle capacità finanziarie o delle persone necessarie per portare a termine il lavoro e di solito si arrendono troppo presto prima di poter vedere i risultati. Il modo più rapido per avere successo con queste abilità è apprenderle in modo pratico e verrai persino pagato! Non essere assorbito da ciò che vieni pagato.

Ancora una volta, vorrei sottolineare:

Scambieresti tempo per denaro a breve termine? (I soldi smettono di venire quando smetti di farlo) OPPURE

INTELLIGENZA FINANZIARIA

Scambiare tempo e denaro per un'attività a lungo termine che genera reddito? (Anche molto tempo dopo che ho smesso di farlo)

Dio ci ha creati con un cervello. Tutto ciò che dobbiamo fare è guardarci intorno e osservare i problemi da superare perché ogni problema è un'opportunità mascherata.

Dipende interamente da te. Potresti vedere o meno i risultati a breve termine, ma usando il nostro cervello e le risorse che ci circondano, possiamo creare un vero valore che gli altri sono disposti a pagare per ciò che abbiamo da offrire.

3 modi per fare soldi

Consentitemi di riassumere i 3 modi per fare soldi:

INTELLIGENZA FINANZIARIA

1. Tempo di negoziazione per denaro - dipendente, lavoratore autonomo

2. Manifestazione e uso di idee creative - inventori, artisti, programmatori

3. Se sei un professionista, hai mai esplorato la possibilità di scrivere un e-book sul tuo campo di competenza? Se è ben scritto, potrebbe fornire una nuova fonte di reddito, invece di dover passare il tempo a servire i tuoi clienti.

Che ne dici di un programmatore di computer? Puoi inventare il tuo prodotto rivoluzionario invece di vendere le tue idee all'azienda per cui lavori.

Che ne dici di beni immobili, invece di vendere case, puoi mettere insieme fonti di finanziamento per comprare case economiche, aumentare il loro valore e venderle a un prezzo più alto. Ci vuole solo

un po 'di tempo e ricerca per trovare buone idee.

Il denaro è un problema? Cerca prestiti se puoi correre il rischio. Raccogliere i soldi di molti investitori o cercare un sussidio. Il cielo è il limite quando si tratta di fare soldi.

Ancora una volta, come vuoi ottenere ricchezza? Risposta: dipende da te.

INTELLIGENZA FINANZIARIA

Regola principale da investire

Cosa significa investire per le persone?

Cosa ti viene in mente quando menzioni la parola investimento?

Significa mettere i tuoi soldi in assicurazioni, fondi comuni di investimento , borsa o persino investimenti ad alto rendimento?

Altre persone pensano di investire solo quando stanno per morire e non hanno lasciato nulla alla loro prole.

Alcuni addirittura tremano quando sentono la parola, sostenendo spesso di non avere soldi da investire o di ritenere che sia un problema troppo complicato da discutere.

Molte persone investono anche pesantemente in integratori sanitari, personal trainer ed estetiste per vivere più a lungo, essere più sani o addirittura sembrare più giovani. Immagina il budget pubblicitario delle odierne compagnie di bellezza.

Queste sono tutte preoccupazioni legittime quando si tratta di investire, ma sto parlando dell'investimento più importante che una persona può fare nella propria vita.

Investi in te stesso.

La regola più importante e prioritaria è "Investi su te stesso" - se non tu, chi altri lo farà?

I tuoi genitori investiranno nella tua istruzione solo fino a quando non lascerai il college. Ma questi sono solo i bisogni di base forniti e non ti insegnano lezioni importanti sull'educazione finanziaria.

Dipenderai dalle università per insegnarti come guadagnare soldi? La maggior parte delle università ti insegna solo le abilità in modo da poter guadagnare denaro lavorando per altre persone. Che ne dici di una scuola di business? Onestamente, se i professori d'impresa sono così abili negli affari, perché insegnano ancora lì invece di fare fortuna negli affari?

Il tuo capo ti insegnerebbe come avere successo negli affari in modo che un giorno sarai nella sua posizione?

Tu e solo tu devi essere abbastanza proattivo da assumerti quella responsabilità. Vedi, quando investi in te stesso, significa assumere l'importanza di educare te stesso. L'istruzione non è in senso accademico o tecnico, sebbene siano abilità necessarie per essere sviluppate nella vita. La nostra educazione non si ferma all'università.

Per la maggior parte degli adulti che lavorano, la loro istruzione entra in una fase di ritardo dopo aver lasciato la scuola. Smettono di imparare e quindi smettono di crescere. Crescono lateralmente dal mangiare troppe pizze o da asporto durante le loro occupate pause pranzo.

Sappiamo che il QI è importante, giusto? Ma perché le persone più intelligenti del mondo non sono le più ricche del mondo? Ci sono molti ragionieri e pianificatori finanziari che corrono alle loro macchine ogni notte cercando di combattere la congestione del traffico dopo il lavoro! Non sono ricchi!

INTELLIGENZA FINANZIARIA

Che ne pensi dell'intelligenza emotiva o del coefficiente emotivo? Lavorare sodo, avere un atteggiamento positivo e una mentalità positiva risolve la nostra situazione finanziaria? Questi sono importanti quando si gestisce un'azienda, ma permettetemi di usarli:

Se stai guidando da Boston a New York utilizzando la mappa stradale sbagliata, non raggiungerai la nostra destinazione, non importa quanto velocemente guidi (lavorando sodo!). Puoi lavorare di più, ma raggiungerai più velocemente la destinazione sbagliata. Potresti avere l'atteggiamento migliore al mondo o la mentalità più positiva, ma non riuscirai comunque a raggiungere New York (anche se il viaggio non ti disturberà perché ti senti positivo).

L'importanza dell'educazione finanziaria
Devi investire **PRIMA** nel tuo QI finanziario.

INTELLIGENZA FINANZIARIA

Avere un buon QI finanziario non significa risparmiare tonnellate di denaro o depositarle in fondi comuni di investimento. Sta sviluppando una sana relazione monetaria e costruendo ricchezza di risorse che ti faranno guadagnare.

Cosa serve per sviluppare il tuo QI finanziario?

La gratificazione ritardata è uno degli aspetti più importanti dello sviluppo del tuo QI finanziario. Prendiamo questo come esempio ipotetico.

Pagheresti una pinta di latte o una mucca?

Se acquisti il latte, viene consumato ed è finito. Dovrai comprare il latte più volte al termine. Anche se il latte costa meno di una mucca, a lungo termine continuerai a comprare il latte più e più volte.

INTELLIGENZA FINANZIARIA

Ora, se una mucca costa 50 volte di più del latte, potresti pagare per il naso quando acquisti la mucca, ma dopo aver consumato 50 pinte di latte di mucca, romperai anche il tuo investimento e risparmierei più denaro il futuro. In effetti, la mucca potrebbe dare alla luce 2 o più vitelli e potresti selezionarne uno a scopo di lucro!

Hai avuto l'idea?

TUTTI sono in grado di creare ricchezza. Quando prendi una vecchia macchina e le dai una revisione generale, dipingila con una nuova mano di vernice e cambi alcune parti in più per farla funzionare di nuovo, puoi selezionare quella macchina per più soldi che se fosse solo una vecchia macchina e sgangherato. Avresti creato ricchezza nel processo!

Che ne dici di una fattoria? Se trasformassi una fattoria in una vacanza in campagna, non aumenterebbe il valore dei terreni agricoli?

È lo stesso principio per cuochi, programmatori di computer e artigiani. La somma del tutto è maggiore delle parti. Siamo tutti in grado di creare ricchezza anche dal nulla e questo è il primo passo per far fluire i nostri succhi creativi.

Il valore di qualsiasi cosa è definito dalla domanda e dall'offerta.

Non ci vuole una laurea in economia per capirlo. Il denaro è solo un'idea.

Ricordi l'esempio dell'isola deserta? La vera misura del denaro non sono i centesimi o i dollari che rappresenta.

Se hai sviluppato un prodotto che la gente vuole, pagheresti più del solito? Applicheresti le tue abilità per creare buoni beni?

La linea di fondo è questa:

Investi in attività che aggiungono valore a lungo termine. Tutto ciò che ti porta più entrate è un bonus. Non investire troppo in passività come auto o barche.

Anche le case non sono considerate attività finché non sono state interamente pagate (se hai perso il lavoro domani e non puoi pagare per la tua casa, la tua casa è un bene o una passività?) Sei disposto ad uscire dalla tua zona di comfort e pagare il prezzo del QI finanziario? O ignorare i segni dei tempi e aspettarsi che il tuo capo, il governo e la banca si prendano cura di te finanziariamente per il resto della tua vita,

vivendo al di sotto delle tue possibilità e senza correre rischi per migliorare il futuro della tua famiglia?

INTELLIGENZA FINANZIARIA

Come uscire da un pasticcio finanziario

Ci sono due metodi che posso consigliare per uscire da un pasticcio finanziario.

Strategie difensive

Il primo è difensivo:

Riduci ciò che stai già spendendo. Non puoi avviare un'attività commerciale in difficoltà finanziarie. Il flusso di cassa è più importante del reddito. E devi avere un sacco di flusso di cassa dalle tasche se vuoi avere successo.

Queste sono alcune delle cose che puoi ridurre

INTELLIGENZA FINANZIARIA

- **Fumo:** Se non riesci a smettere di fumare, basta tagliare alcune sigarette.

- **Alcol:** L'alcol può drenare le tue finanze più velocemente di un rubinetto in esecuzione.

- **Night Outs:** Trascorri qualche notte a casa pensando di guadagnare di più .

- **Scommesse:** Se prevedi di scommettere, è meglio scommettere su un'azienda.

- **Club per vacanze e country:** Non morirai senza un numero limitato di abbonamenti.

- **Cibo:** Mangia sano e puoi pensare in modo più chiaro.

- **Pigrizia:** La cosa più grande che ti fermerà!

Soprattutto, non comprare nulla che rappresenti un rischio. Una responsabilità è tutto ciò che ti toglie il denaro dalle tasche, indipendentemente da ciò che vale in futuro. Pensa in termini di flusso di cassa. Cosa posso investire oggi per ottenere fondi domani?

Passiamo ora alle strategie offensive:

Strategie offensive

Uno dei modi migliori e poco costosi per investire nelle tue capacità commerciali è quello di entrare a far parte di una società di network marketing. Esistono molte altre opzioni, come l'avvio di un'attività commerciale tradizionale o persino un'attività online.

Ma se vuoi garantirti qualcosa di concreto in cui le competenze aziendali sono una preoccupazione, la mia opinione è sul Network Marketing.

Indipendentemente da ciò che hai sentito parlare di questo settore o da quanti soldi le persone hanno perso lì, il motivo principale per cui consiglierei a tutti di investire in una società di network marketing è a causa di ciò che puoi imparare lì, e non a causa della quantità di denaro che puoi guadagnare (anche se sarebbe bello se puoi guadagnarti da vivere).

Vedete, le società di network marketing sono l'unico posto dove le persone condividono i loro segreti commerciali **GRATUITAMENTE**. È logico perché, affinché la tua upline abbia successo, anche loro vorranno avere successo! Pertanto, non si asterranno dall'insegnarti le abilità di un uomo d'affari.

Inoltre, il costo relativamente basso dell'investimento in una società di network marketing ti sorprenderà con ciò che puoi imparare per il prezzo che stai pagando (alcune bottiglie di vitamine e un kit aziendale per l'esperienza di una vita!). Ti addestrano pazientemente negli atteggiamenti e nelle abilità di business di cui hai bisogno per avere successo in questo settore.

Fondamentalmente, non puoi avere successo nel network marketing con la mentalità di un dipendente. Una società di network marketing ti formerà nelle vendite, nella comunicazione, nel lavoro di squadra, nella leadership, nel pensiero positivo, nell'auto-miglioramento, nell'investimento di tempo e denaro, nonché nel supporto della tua upline come personal trainer e mentore. Vorrei arrivare al punto di dire che anche se non hai guadagnato un soldo, ma hai partecipato diligentemente al loro programma, le abilità sviluppate dureranno una vita.

È inoltre possibile sviluppare competenze collegandosi a un'agenzia assicurativa. Il lavoro può essere molto duro, ma quelle aziende ti insegneranno anche le stesse abilità delle precedenti e forse ti daranno anche alcuni consigli sulla pianificazione finanziaria.

Che ne dici di un business su Internet? Se hai attitudini informatiche, le attività su Internet offrono un'attività a basso costo e ad alto profitto che può fare molti soldi e accedere a un mercato globale.

Altri luoghi in cui è possibile conoscere le competenze aziendali possono essere trovati in corsi di pianificazione finanziaria, corsi di investimento immobiliare, corsi di gestione del tempo e molto altro ancora.

Tutto ciò che ho suggerito sarà il modo più sicuro per avviare una nuova attività. Stai solo spendendo da poche centinaia a migliaia di dollari per l'avvio e l'istruzione.

Un'azienda tradizionale può essere troppo rischiosa per qualcuno senza esperienza commerciale.

Investi decine di migliaia di dollari e potresti avere difficoltà a pareggiare. Ma una volta sviluppate le abilità di cui sopra, avrai maggiori possibilità di successo.

La cosa più importante di tutte, oltre a un buon atteggiamento di apprendimento, sono le persone con cui interagisci.

È stato detto prima; Sei la somma delle cinque persone con cui trascorri più tempo!

È molto difficile da ingoiare, ma immagina che se inizi a parlare con i tuoi cinque amici di birra e poker bevendo che vuoi uscire da solo e fare una fortuna, cosa ti diranno? Ridevano delle calze prima di fare a pezzi il tuo ego !

La gelosia sta nel cuore dell'uomo. Non vogliono vedere le persone intorno a loro avere successo. Se ci riesci, li fa sembrare cattivi. Sanno nei loro cuori che non stanno andando da nessuna parte, ma abbracciano quello stile di vita e ti trascinano con sé. Ruberanno il tuo sogno e ruberanno la tua libertà finanziaria se non stai attento!

Il punto chiave da ricordare è: mescolare solo con persone che pensano positivamente!

Il pensiero positivo non è un desiderio. Un pio pensatore è un sognatore che non agisce.

Il pensiero positivo è sostenuto dall'azione e sentirai l'energia delle persone che credono in te e sostengono i tuoi sogni.

Se cammini con le anatre, strillerai ... ma se cammini con le aquile, ti alzi!

Quindi inizia a cercare persone che seguono la tua visione o che vogliono crescere con te.

Infine, devi **CREDERE IN TE STESSO!**

Il compito di uscire dalla tua zona di comfort può sembrare spaventoso e molti non sosterranno il tuo sonno. Possono anche andare all'offensiva anche se non condividi il tuo sogno. Quella persona può anche essere i tuoi genitori o il tuo coniuge.

Quindi dovrai affrontare la domanda, la mia libertà finanziaria vale il prezzo che sto pagando ora? Posso vivere un altro giorno con la stessa routine, lo stesso lavoro, lo stesso stipendio o lo stesso lavoro? Se la

 INTELLIGENZA FINANZIARIA

risposta è no, agisci ORA. Nessun domani, ti sveglierai e dimenticherai il tuo sogno.

Scrivi il tuo desiderio su un pezzo di carta e tienilo stretto ogni giorno. Condividilo con qualcuno positivo e fai il primo passo. Non te ne pentirai.

Per la tua libertà finanziaria!!!!

INTELLIGENZA FINANZIARIA

Visita la nostra pagina degli autori su Amazon! E ottenere più libri di MENTES LIBRES!

https://www.amazon.it/MENTES-LIBRES/e/B08274DDV4?ref_=dbs_p_ebk_r00_abau_000000

Se lo desiderate, potete lasciare il vostro commento su questo libro cliccando sul seguente link in modo che possiamo continuare a crescere! Grazie mille per il vostro acquisto!

https://www.amazon.it/dp/B089N6J9SJ